Arte del (des)encuentro

Arte del (des)encuentro

Edwin Vergara

Arte del (des)encuentro
Primera edición

Autor:
Edwin Vergara, 2019
www.facebook.com/edwinvergarafrases
Instagram @edwinvergara_

ISBN: 9781081606190

Diseño de portada e ilustración:
Lucila Jacob

Todos los derechos reservados. No se permite la reproducción total o parcial de esta obra, ni su incorporación a cualquier medio sin autorización previa y por escrito del titular del copyrigth. La infracción de estos derechos puede constituir un delito contra la propiedad intelectual.

A Lucila Jacob

*Fuimos todo eso juntos; sólo quedan
nuestros ojos a solas en el polvo del tiempo.*

*Siempre fuiste mi espejo,
quiero decir que para verme tenía que mirarte.*

Julio Cortázar

I

*Te digo adiós, y acaso, con esta despedida,
mi más hermoso sueño muere dentro de mí...*

José Ángel Buesa

EL FINAL

Aquella tarde, él se quedó mirando cómo de los viejos árboles se desprendían las gotas de olvido en la intermitente lluvia que caía, mientras la silueta de aquella mujer se perdía en el horizonte opaco.

La sentía cada vez más lejana, más distante; en realidad ya no la sentía, ni se sentía a sí mismo: todo había acabado y había que aceptarlo.

La ausencia rápidamente se transformó en melancolía, y los recuerdos de ella en un profundo dolor para su corazón.

Fue tan amarga aquella despedida, que incluso la muerte se puso su traje de noche y se vistió de luto, mientras él veía cómo se le iban los sueños, la esperanza...

en definitiva, ¡se le iba la vida!

DESPEDIDA

Nos despedimos. No hubo dramas innecesarios,
mucho menos lágrimas entrometidas.

Estábamos conscientes que habíamos llegado al final,
que ambos, éramos cómplices de este asesinato
y ya no había tiempo para reclamos.

Era acabar de una vez con los restos de este amor,
o que él acabara con nosotros.

ES CIERTO

Las horas me duelen,
tus silencios me duelen
tu ausencia me duele,
el vacío me duele.

Al dolor le duele mi dolor
y mi corazón se desilusiona por tu amor distante.

Es cierto:
tengo una lluvia de ausencias
precipitándose en mi interior.

Tú eres la culpable.

LLOVER

El alma, al igual que el cielo,
a veces también se nubla,
se inunda de oscuridad.

Es por eso que a veces el alma
también precisa llover.

PAISAJE GRIS

Eres ese paisaje gris,
   ese intervalo doloroso,
         ese sueño solitario
que recorro cada noche,
a solas, conmigo.

Tú nunca has de llegar.

Eres ese amor que siempre pide alas
      pero no sabe nada de volar.

HOJAS SECAS

Cuando todo se acaba,
cuando se ha ido quien se ama,
uno comprende la fuerza
de ese sentimiento.

Ay, cariño,
si de haber sabido
cuánto ibas a dolerme,
cuán profundo tu nombre se iba a inscribir en mi piel
cuán hondo calarías en mis pensamientos,

no hubiera permitido
        nunca
que el tiempo
        con sus otoños
de mí te alejaran.

TEMBLOR

Lo peor de todo,
es que aún tiemblan mis labios
al recordar su nombre.

Uno de los peores dolores en la vida
es no poder olvidar aquellos recuerdos
que se tatúan con fuego en la memoria
y con tristeza en el corazón.

NOCHES

Noches en las que juego a ser valiente,
donde por engañarme tal vez
me hago a la idea de que el pasado ha emigrado.

Pero no engaño a nadie, es inútil,
sigo siendo ese alguien de momentos
cuando los recuerdos me golpean sin avisar,

cuando alguna foto de los dos aparece de repente,
cuando siendo masoquista releo las cartas que alguna vez me enviaste,

cuando por las noches la soledad se asoma
y el insomnio se convierte en la luna de mis noches...

                        siguiéndome a todos lados.

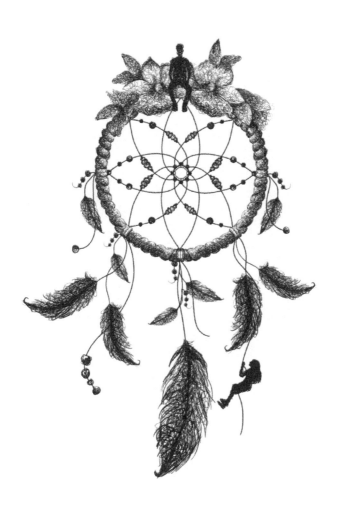

SUEÑO

Te miro
Me miras
Sonríes
y sueño.

Me miras
te habito
Tu luz
me enciende.

Te pienso
Me piensas
Te olvido
Me olvidas.

A esto le llamo amarte.

ES CLARO QUE ALGO OCURRE

> *Espero curarme de ti en unos días.*
> *Debo dejar de fumarte, de beberte, de pensarte.*
>
> Jaime Sabines

De vez en cuando suelo recordarte.
Cuando me llega la bendita hora de la tristeza,
acompañada de sus penas.

Es claro que algo ocurre,
es evidente que aún te siento aquí,
latiendo más fuerte que antes en mi corazón.

Es claro que
<tu recuerdo
ha conquistado
a mi olvido>.

Cuando llegan esas malditas horas,
intento anestesiarme,
nublarme, dejar de pensarte.

Cuántas veces no he intentado dejar atrás
por donde transitamos, lo que vivimos
y cuánto callamos; pero es tan difícil
cuando se sabe que la memoria persiste
por sobre el olvido.

Intentar sacarte de mi vida
es tan inalcanzable como una utopía.

De vez en cuando suelo recordarte,
pero llegará el día
en que pueda decir que,
al fin,
 he podido olvidarte.

II

Te digo adiós, y acaso te quiero todavía.
Quizá no he de olvidarte, pero te digo adiós.

José Ángel Buesa

UNA VEZ MÁS

Una vez más
he tenido que recoger mis pedazos
y rearmarme por completo.

Siento que cada vez que lo hago
duele menos y me hago más fuerte.

De seguir así,
podría endurecerme al punto
de no romperme jamás,
      eso sería un alivio para tanto dolor.

Pero me preocupa perder toda sensibilidad;
      temo que ya no pueda volver a sentir,
      temo que ya no pueda
            volver a amar.

RENUNCIAMIENTO

Me he desangrado mil veces.

   Al igual que tú,
   también lloré por amor.

Me hice añicos, me hice pedazos
¡Mil veces!
y mis heridas
   llevan por nombre tu nombre.

Después de tantos fracasos entendí,
   finalmente,
que renunciar
fue la única manera de cerrar mis heridas,
de salvarme de ti.

A OTRO CIELO

Siendo sinceros,
sí estaba dispuesto a todo.

Había en mis planes un largo camino
con muchos lugares donde detenernos
y regocijarnos con nuestro amor.

       Pero te fuiste apartando,
tu desconfianza no soportó
que lo nuestro fuese cierto: amor de verdad.

Fue más fácil para ti partir,
emigrar
           que aguardar.

Tu desconfianza no permitió
enseñarte otro cielo.

HUIDA

Aprendí a conocerte, a descubrirte.
Me di un tiempo para descifrar
lo que querías decir con cada silencio,
para saber interpretar tus suspiros y
conocer el significado de tus miradas.

Lo aprendí todo, me esforcé, cariño,

y tú...

saliste corriendo.

AUTODESTRUCCIÓN

La manera más amarga
de destruirse a sí mismo,
es tratando de revivir el amor
de quien ya hace tiempo
ha dejado de querernos.

TAL VEZ

Tal vez estaba equivocado buscando en otras partes.

Tal vez mi lugar siempre había estado ahí:
entre la música y la soledad,
entre libros y amores imposibles.

ALGUIEN

Sé que no soy una persona normal,
que vivo acariciando la locura,
que tengo innumerables defectos.

Sin embargo, creo que en mi vida
merezco a alguien que, entre tantos defectos,
encuentre al menos una razón para amarme;
y con eso le baste para quedarse.

ALGUIEN II

Me di cuenta que junto a mí no necesito
nadie a quien tenga que pedirle quedarse,
a mi lado necesito alguien que ame estar ahí;
alguien que se quede porque le nace.

AUTODESTRUCCIÓN II

Nada te mata tan rápido
como lo hacen los recuerdos de un amor
que no quiere ser olvido.

Nada, absolutamente nada,
te mata más rápido que las huellas y cenizas
de un sentimiento que ya se marchitó.

EDWIN VERGARA

TODAS LAS NOCHES

Haz lo que quieras:
corre,
huye,
desaparece.

Ódiame,
recuérdame,
olvídame.

Y, cuando por fin lo consigas,
no olvides hacerlo todas las noches.

III

Me bastó mirarte una vez
para saber
de qué estaba hecho el amor.

INESPERADO

Llegaste sin avisarme,
 sin avisarte.

Llegaste para salvarme de todo,
 para salvarme,
   sobre todo,

de mí mismo,

  del abismo que soy yo.

POR MI PARTE

Yo por mi parte,
si es que algún día llego a verte,
no dejaría que el viento anulara
la posibilidad de besarte.

Lo haría sin pensar.
        Te besaría ardientemente.

Si el viento quisiera llevarse algo,
   no encontraría nada.

        Todo ya lo tendrías tú.

INCÓGNITA

¿Cómo apareció en mi vida?

    ¿Tiene eso alguna importancia?

No lo sé, no me interesa.

Ella ha llegado a iluminar mi noche
como el sol llega siempre puntual
a llenar de luz su mañana.

    Eso es más o menos ella:
el primer rayo de luz que cae
después de una larga noche,
    para despejar la oscuridad de mi alma.

Amo la luz misteriosa que proyecta.

Toda ella es para mí una gran incógnita.

ANHELO

¡Que ganas de coincidir contigo,
de regalarte este puñado de besos
que guarda mi boca!

¡Que ganas de encontrarte
por una vez siquiera,
y resumir
todo el amor de una vida
en una noche!

MOVIMIENTO

Verte a lo lejos
Esperarte de cerca
Abrirte los brazos
Ofrecerte mi mano
Gritarte con la mirada
Confirmarte con mi boca
Susurrarte con un beso
todo lo que ya sabes:

Eso quiero de ti.

Apoyar mi frente en la tuya
Ofrecerte mis sueños
Caminar por tu cuerpo
como un turista perdido
Enseñarte todo lo que de ti desconoces.

Respirarte en la boca mientras te miro
Vivirte mientras me muero
Hacerte saber que mi alma está vacía sin ti
que tu amor, incansable espero:

Eso de ti quiero...

INTENCIONES

Nadie habló de que mis intenciones
fueran las mejores, pero sí son únicas:
yo sólo busco abrir sus brazos,
ser dueño de sus silencios,
sacudirle los besos hasta aniquilar la razón.

Busco colmarla de amor
hasta que no queden espacios vacíos
entre nosotros.

SUICIDIO

Yo decido amarte.
¡Sí! ¡He de amarte a ti!

Y si he de amarte y sufrir,
estoy dispuesto a aceptarlo.

No importa que amarte
sea otra forma de morir.

EDWIN VERGARA

DESASTRE

Me gusta
no sólo
el desastre
que provocas en mí;
sino también
ese que sueles ser.

DISPAREJOS

A pesar de todo, ahí seguíamos,
jugando a enamorarnos,
sin ánimos de rendirle cuentas al amor.

Conscientes de que mirábamos con ojos muy diferentes,
que esperábamos cosas muy distintas de la vida.

Pero continuábamos.
Sin importar lo que pudiera suceder;
dispuestos a jodernos la vida
de la manera más hermosa,
sólo por un poco de amor

IV

ELLA

Era una mujer herida por el pasado,
desconfiada, fría, una de esas
que difícilmente vuelven a querer.

TODO O NADA

No soportó más, se cansó
de los constantes reclamos de un supuesto amor.

Se llenó de coraje y arregló sus maletas.
Empacó sus defectos, sus miedos, sus sueños
y hasta sus más profundos deseos de quedarse.

Pues necesitaba un lugar
en el que hubiera espacio no sólo para el amor
sino también para todos sus demonios.

ELLA II

Para todos fue fácil juzgarla,
sólo era cosa de rumorear.

Hay gente que tiene ese afán enfermizo
de querer suponerlo todo.

Pero ella no ocultaba nada,
cargaba todo el peso del pasado en su mirada.

No pretendía la lástima de nadie.
Con coraje se amarraba las lágrimas
y se vestía de esa sonrisa única
                      que siempre
la hacía brillar.

ELLA III

Ella
tenía los ojos de silencio
y la mirada de tristeza.

Ella,
aquella mujer de sonrisa melancólica,
cobijaba un amor muerto entre sus brazos,
un funeral de besos acumulaba su boca
y una pasión agonizante guardada en su pecho.

Nada la hacía feliz.

Todo le abrumaba por aquellos recuerdos imborrables,
por aquellos momentos irrepetibles.

Por aquel amor soñado
                      que se había ido.

ELLA IV

Ella no ha cambiado, claro que no,
sigue siendo la misma de siempre.

Es predecible que ahora le cueste sentir algo,
no ha vivido días fáciles después de todo.

Tantas decepciones
le habían adormecido el corazón;
y, aunque el daño ya terminó,
                nunca perdió la fe.

Esa mujer de sonrisa nostálgica
                        y ojos llorosos
  sigue esperando el amor.

LA MUJER QUE ES HOY

Ni siquiera todo el peso del pasado pudo con ella.

Aun contra todo pronóstico,
siempre se levantaba y continuaba.

Pero,
no todo era malo.
Tenía la firme esperanza de que los malos días
no fueran tan malos del todo.

Y no queda duda de que, sin ellos,
ella jamás sería
                la mujer que es hoy.

EDWIN VERGARA

SOÑADORA

No era una mujer normal.
Sus besos sabían a locura,
encantaban sus ojos pequeños de soñadora,
siempre como a punto de llorar.

Era poco romántica,
de pocas palabras,
pero muy precisa.

Era algo así como lo que siempre
había estado buscando.

V

FALTAS TÚ

Aquí sobra noche y espacio,
sobran besos y tiempo,
sobran sueños y ganas;
sobra todo...
pero faltas *tú*.

DECIRTE

Decirte que desde que te fuiste,
la noche se convirtió en mi cielo.

Decirte que la lluvia no ha cesado afuera,
ni tampoco aquí dentro, en mi corazón.

Que comenzó a inundarse mi alma,
    poco a poco,
no creo soportar el próximo aguacero.

Decirte que extraño tanto mirarte,
como suena mi nombre en tu voz,

¡mi boca pierde el aliento sin tus besos!

Decirte,
finalmente,
que mis primaveras son inviernos

        si no estás tú.

SI VINIERAS

> *Amor, todos los días.*
> *Aquí a mi lado, junto a mí, haces falta*
>
> Jaime Sabines

¡Ay, si vinieras esta noche!
si me acompañaras,
si tan sólo me vieras,
entenderías el porqué de este cansancio,
de este rostro escuálido y triste,
de estas manos de invierno que te esperan.

Pero no vienes, amor,
      tú nunca llegas,
viene sólo tu recuerdo,
la imagen de tus ojos estrellados,
el aroma indecible de tu boca
                que no me besa.

¿Cuándo vendrás, vida de mi vida?

Ojalá algún día, al pensarte
—mágicamente—
aparecieras.

Ojalá dejaras de ser,
por un momento,

por un suspiro, por una pausa,

el sueño impaciente de este soñador
que vive esperando;
    aunque esperando
             por ti

        se muera.

TRASTORNO DE ANSIEDAD

Padezco de un trastorno de ansiedad
en el que se me hace insoportable
que las cosas no estén en su lugar.

Por ejemplo:

que esta noche tu boca esté
tan lejos de la mía.

CUANDO LA NOCHE LLEGA

Cuando la noche se acerca
y la brisa fría comienza a susurrar,
las estrellas aparecen
cortejando el imponente cielo.

En las calles grises
se escucha una llovizna tenue
que cubre copiosamente los tejados.

Un susurro de tu voz
de pronto llega:
me llama,
me asalta,
me anuncia que estás aquí.

Luego,
    semidormido,
te dejo reposar sobre mi pecho.

Despierto.
Me sé sin ti,
    no volviste.

¿Dónde estarás, cariño mío?

¿Por qué calles andará tu voz y tus ojos y tu cuerpo?

¿Cuándo volverás con tu calor de primavera
a estos brazos de invierno?

        Desde que tú no estás
las estaciones son opacas en mi pecho.

Los días transcurren...
                y tú   no llegas.

NO ES JUSTO

No es justo, de ninguna manera,
que seas la causa de mi insomnio esta noche
y no estés aquí para hacerte cargo...

EDWIN VERGARA

ACTOS DE MASOQUISMO

Recordar sus besos
se me ha vuelto el acto de masoquismo
más hermoso del mundo.

TARDE

El caminar de las tardes,
las pláticas nocturnas,
el café de la mañana

¡Cuán felices éramos!, y yo,
no me daba cuenta.

El soñar tantas cosas, hacerlas posible juntos,
¿no era eso lo que tanto anhelaba?

¡Ay, amor, cuán inconsciente he sido!
no ser capaz de reconocer lo que tuve, lo que fuiste.

Charlar sentados en el piso de la cocina,
discutir un poco de todo,
reírnos sin razón a carcajadas,
ser felices sin pensar en el tiempo.

¡Tarde me doy cuenta
de que contigo lo tuve todo!
A veces para apreciar mejor las cosas
se requiere un poco de distancia.

¡Ojalá vuelvas pronto
y para mí no sea demasiado tarde!

Mas, si no vuelves recuerda siempre
cuánto este hombre
   -sin darse cuenta-
         te amaba...

VI

¡Tomar riesgos
supone enamorarse
a pesar de las caídas.

Cada amor es un riesgo, es decir,
nos deja una enseñanza!

ATRACCIÓN

Sí, fue necesario
tomar distintos caminos
y apartarnos un tiempo.

Sin duda,
cada paso que dimos confirmó
que no éramos dependencia ni necesidad.

Ahora ya está claro,
ni al corazón   ni al reloj
le caben dudas,
si nuestras bocas se encontraron de nuevo
es porque así lo elegimos.

Sin duda,
nuestros cuerpos se atraen como estrellas:

Tú eres sol, y yo luminosidad.

Nuestros cuerpos son planetas
que giran en órbitas propias
pero sucumben ante el amor,
        ante el encuentro,
                ante la gravedad.

DESASTRE O AMOR

Por alguna extraña razón, siempre conocemos
a alguien que acaba siendo nuestra debilidad.
No importa cuán duros seamos, cuán fuerte intentemos
ser. Esta persona viene para desmoronarlo todo,
para dejarnos una huella imborrable en la vida.

Eso se conoce como desastre.

Pero nosotros le llamamos amor.

PUNTOS SUSPENSIVOS

Llevo tres puntos suspensivos
                      en mi cuello...
Esperando por tus labios
                para continuar la historia.

CERTEZA

Sé que me ama cuando me brinda su mano,
cuando se queda a mi lado,
porque se queda incluso
cuando ni siquiera yo me soporto.

INFIERNO Y PARAISO

Tus besos son cálidos y tibios,
saben a fuego y a ternura.

A mi boca llegan
como el aroma de un suspiro o de un delirio.

Eres el paraíso y el infierno,
todo en ti se reúne

y no viviré tranquilo
si en tus labios
no me destruyo
esta noche.

TORMENTA

Como si al abrir la puerta de casa
se abriera también
quién sabe qué agujero en el cielo,
con gran ímpetu una granizada
aturdió de repente todos los techos.

Envolviéndote el cabello con una toalla
te preparas para salir del baño,
cuando los primeros relámpagos comienzan
a matizar un azul grisáceo en el firmamento.

El estrépito de los truenos te asusta,
te vistes con lo primero que encuentras
y caminas hacia mí armada con un abrazo
que busca eludir el frío y el miedo.

Me miras, te miro.
    Me besas, te beso.
        Nos sonreímos.

Al fin de varios minutos y suspiros,
el granizo va dejando de tintinear en la ventana.

Ahora vos,
de rostro apacible
y alma más serena,

te diriges a la cocina y volverás
quién sabe con qué.

De la tormenta
quedan sólo calles húmedas,
ráfagas de viento
entre pisos de edificios amarillos.

La silenciosa entrada de la noche
presagia tristeza para las almas solitarias.

Entonces apareces de nuevo
con tus ojos iluminados,
traes agua caliente para el mate
que nunca puede faltar
y en un plato dos tostadas,
quemadas por gusto o descuido,
pero a fin de cuentas, quemadas.

Dejas todo sobre la mesa y
te sientas sobre mis piernas.

Me miras, te miro.
    Y mi alma se ilumina toda entera
        con la luz de tus ojos.

Me besas, te beso.
            Nos miramos y reímos.

Más tarde, sin rastro de tormenta
ni relato que lo atestigüe,

me mirarás nuevamente en la oscuridad,
me darás otro beso, una sonrisa más.

Luego, nuestras bocas cansadas
se cerrarán al igual que nuestros ojos,

    a la espera de lo que el alba nos traerá.

LA VOLUNTAD DE SU VOZ

Soy todo lo que su boca me diga que sea,
sólo ella me hace existir.

Soy prisionero de sus ojos
y también de su voz.

La voluntad de su amor tiene la fuerza de mil hogueras,
puede incluso encender o apagar mi corazón.

Basta que ella me nombre para que yo exista.
Basta un guiño suyo, o una simple mueca
para caer rendido ante sus besos.

No soy nada sin ella,
no quiero ser en su ausencia,
No puedo, no me atrevo...

SOLAMENTE ELLA

Sólo ella
sabe cómo llegar
y romperme el orgullo a besos.

No entiende de distancias;
tampoco de egoísmos.

Se entrega a mí sin recelos,
sin dudas,
de la manera en que
    solamente ella
puede hacerlo.

AMO

Amo lo que eres.
Lo que dices.

Amo tu pequeña boca de cristal
donde nacen promesas de amor
y maldiciones al mundo.

Amo tus ojos perspicaces
que saben decir la verdad,
que no se conforman
con miradas a medias.

Amo la virtud de tus manos,
el paso de tus pies acompasado,
la blancura extensa de tu piel.

Amo tu frente de niña
   donde nacen los sueños
que te mantienen despierta.

Amo tu alma inquieta que no desespera
y brilla en cada parte de tu cuerpo de mujer.

Amo la forma como despiertas
y te sonríes,
   tu sencillez,
      el coraje con el que   enfrentas la vida.

Amo lo que eres,
lo que dices.
        Lo que poco a poco
                irás dejando de ser.

EDWIN VERGARA

AMO II

Amo todo lo que me saca del vacío.
Amo el aire, la lluvia, los días de invierno,
el café bien cargado, pero sobre todo, la amo a ella.

He vivido tanto tiempo con mis cicatrices,
y todas me recuerdan que ella es mi respiración.

En las cicatrices se refleja nuestra desnudez,
nuestra intimidad, nuestro dolor.

¿Qué haría sin ella, dónde estaría si se fuera?
Seguramente seguiría sus pasos, iría tras ella.

En ese caso,
         amaría los trenes
                  que me acercaran a ella.

AMO III

Amo su capacidad para recordarme
las cosas buenas que tengo, su capacidad
de ignorar el desastre que puedo llegar a ser,
su manera de devolverme la vida cuando el mundo
se desmorona y las ganas se me hacen escasas.

QUÉ IMPORTA

Qué me importa terminar sin labios,
qué importa si los desgasto
y los dejo grabados en los tuyos,
como parte de ti y a la vez de mí.

A los labios hay que dejarlos encapricharse
    hasta que duelan,
hasta que sangren saciados de tanto amor.

LLEGADA DEL INVIERNO

Llevo tanto tiempo queriendo decirte
tantas cosas que ya sabes.

Pero es que no me canso de repetírtelas
y quisiera grabar cada una en algún diario,
que después de pasados los años
algo quede de nosotros:
      ya sea
        un secreto,
          o un adiós.

    Nuestra historia
será la historia del sentimiento
que alguna vez hizo sentir vivo
tu corazón junto al mío.

Alguien alguna vez leerá
y recordará
que existieron en un tiempo, en un mismo espacio,
dos seres que habitaron este mundo
y fueron presa del amor.

Amor,
si un día te marchas,

lleva contigo
mi corazón: es todo lo que poseo.

Cuando estés lejos de mí, amor,
y mis besos sean fantasmas en tu boca,
y mi rostro revolotee como leve brisa en tu memoria
recuérdame, porque a ti entrego los pedazos de mi
corazón.

Quiero ser habitante en tus pensamientos,
quiero quedarme a vivir en tus sueños,
ser la cura de todos tus miedos.

Llevo tanto tiempo queriendo decirte
tantas cosas que ya te he dicho con el pensamiento.

Pero es que prefiero mil veces, amor,
que te canses de escucharlas,
   a no decírtelas.
Prefiero eso antes que el olvido.

Quiero ser,
amor,
todo
lo que precises
cuando
a tu corazón
llegue el frío

porque la primavera está lejos.

SILÉNCIAME

Amor,
qué sublime catástrofe provocarías
si me besaras,
si me silenciaras
si me amaras.

Amor,
¡siléncieme la boca con un beso
hasta que me impregne todo de ti
y no haya un solo espacio de mi alma
que no sueñe con tus labios!

Siléncieme
para renacer,
para vivir
y luego,
tan sólo,

volver a morir
en tu boca.

AMO IV

Amo todo de ti.

Amo el amor que me brindas
y las palabras que no se dicen,
      pero tiemblan en el borde de los labios.

Prometo amarte y cuidarte como a aquella flor:
no por satisfacción propia,

          sino, para que florezcas.

DÉJÀ VU

He soñado mil veces con esta escena:
Tú de pie en la estación de trenes
sosteniendo tus maletas,
buscándome entre la multitud.

Y yo a diez kilómetros de ti
esperando en mi habitación
que desistas de tu viaje.

Amor, ¡voltea!, ¡estoy detrás de ti!
No permitiré que te vayas otra vez.
No repetiré otra vez tu ausencia.

Los trenes pasan,
                el amor
                            siempre queda.

EDWIN VERGARA

OASIS

En este desierto que es mi vida
sólo tú eres oasis y sombra.

Sólo tu amor me mantiene vivo.

No decaeré sin calmar mi sed.
No decaeré sin antes
apoderarme de tus besos.

MIENTRAS YO TE ABRAZO

La noche avanza errante por los senderos,
tu cuerpo tiene la belleza de la aurora
y todos los besos van a morir en las esquinas
de los labios.

Yo te abrazo mientras te miro,
mientras te beso y me detengo en cada ruta,
en cada espacio de tu cuerpo interminable.

Tu belleza fluye como un río,
mis caricias te desbordan a caudales
y, mientras yo te abrazo,
una lágrima se descuelga de tus ojos.

Alguien dijo que la noche es propicia para los amantes,
para los necesitados de besos y caricias,
para los sedientos de amores eternos o fugaces.

Por eso te abrazo,
mientras la noche avanza errante por los senderos,
aun cuando por tus mejillas corre un rubor presuroso.

Y mientras yo sigo dándote la vida en un abrazo
desciende una lágrima cristalina por tus ojos.

El amor es un camino hacia la eterna muerte,
un silencio oculto, una caricia interminable,
una lágrima perdida que busca morir en otros labios.

...el amor sucede mientras yo te abrazo.

(DES)ENCUENTROS

No, amor mío,
tú no eres un verso perdido.
Tú estás al principio
y al final del poema.

***

Las almas tristes
están condenadas al insomnio

Sobra tanta noche en mi cama
...y *tú tan lejos*.

***

Tengo alma de pájaro.
Mi corazón no tiene alas
pero eso no impide
que te invite a volar.

Me he enamorado
hasta de mi insomnio
al ser causado por usted.

***

Sé un alma libre
que no tenga
otro anhelo
más que
el de
volar.

Cada vez que me besa,
me convenzo más de que para soñar
no se precisa dormir...

***

Te
amo.

Así
de
sencillo.

Así
de
breve.

Así
de
imposible.

Espero y espero
un día no esperar más,

que vengas y seas mi casa y mi cielo y mi paz.

Made in the USA
Monee, IL
06 May 2023